Für alle
die gerne träumen
und die Gedanken ziehen lassen

Schriftstellerische Ergüsse

...mit einem Hauch von Prosa

Michelle Krabinz

Michelle Krabinz wurde 1994 in Köln geboren und fühlte sich schon seit ihrer Jugend zur Kunst des Schreibens hingezogen. Obwohl sie viele Kurzgeschichten und Märchen schrieb, dachte sie bis zu ihren frühen ‚zwanziger Jahren‘ nie darüber nach, eine professionelle Schriftstellerin zu werden.

Seitdem hat sie sowohl eine große Begeisterung für verschiedene Arten von Kunst entdeckt, als auch den Wunsch, ihre diversen Geschichten und fantastischen Welten mit anderen Leuten zu teilen.

In diesem Fall handelt es sich um eine Sammlung ihrer diversen Gedichte, Gedankenergüsse und Wortspielereien, die sich über die Jahre auf Notizblöcken, Kassenzetteln und Papierfetzen angesammelt haben und nun, in diesem Werk vereint, in die Welt hinaus streben, um neugierige Leser zu erfreuen.

In diesem Sinne: viel Freude beim Lesen!

Weitere Werke von Michelle Krabinz:

* *„Driving Madness"*

* *„Die Organ-Chroniken – Warten auf das Klo"*

* *„Die Organ-Chroniken – Gefurzt wird später"*

* *„Kampf der vier Elemente – Feuer & Wasser"*

* *„Die Organ-Chroniken – Magen-Darm-Geflüster"*

* *„Die Organ-Chroniken – Corona, Karzinome und Kontraktionen"*

Schriftstellerische Ergüsse

…mit einem Hauch von Prosa

Michelle Krabinz

Tiff & Toff Taschenbuch 020

Die Deutsche Nationalbibliothek verzeichnet diese
Publikation in der Deutschen Nationalbibliografie;
detaillierte bibliografische Daten sind im Internet über
http://dnb.dnb.de
abrufbar.

© 2020 by Michelle Krabinz
© 2020 by Tiff & Toff
Hullenwiesenstraße 8
26316 Varel

Herstellung und Verlag:
BoD – Books on Demand, Norderstedt
ISBN: 978-3-7519-0628-9

Blütenzauber

Eine Blume erblüht im Sonnenlicht,
genähret von der Sommerwärme.
Denn ohne die Sonne lebt sie nicht
ohne die Königin der Sterne.

Ihr Licht spendet die Lebenskraft
für die zierlich zarten Blüten.
Vom Wasser kommt der Lebenssaft,
entsprungen aus den alten Mythen.

In märchenhaften, bunten Farben
erstrahlen ihre Blütenblätter.
Mit ihren himmlisch schönen Gaben
verschönern sie auch düst'res Wetter.

Leuchten in heller Farbenpracht,
hofieren um die Gunst der Bienen,
mit ihrer sanften Düfte Macht,
die ihnen auch zur Werbung dienen.

Sie leuchten hell und strahlen bunt,
verbreiten um uns ihre Düfte.
Ihre Schönheit macht das Herz gesund
und hebt die Seele in die Lüfte.

Zählung der Kühe

Leise macht's im Nebel ‚Muh',
ich schaue auf und seh' die Kuh.
Es ist die Gerda, meine Braune,
sie guckt vergnügt, grast guter Laune.

Daneben gleich die schwarze Hilde,
im Maul ein buntes Blattgebilde.
Die weiße Frida, kaum zu seh'n,
erahnt man im Vorübergeh'n.

Von Weitem ist sie schwer zu schau'n,
kann man im Dunst dem Aug' nicht trau'n.
Lauf ich vorüber, acht' nicht drauf,
so fällt sie dem Aug' erst gar nicht auf.

Zuletzt die Berta, dreckbeschmiert,
die lustlos in die Gegend stiert.
Ich guck' sie an, sie schaut vorbei,
bin ihr doch wohl einerlei.

Mit Schulterzucken geh' ich fort,
dies ist ja doch der Kühe Ort.
Als Mensch hab' ich hier nichts verloren,
und außerdem frier'n mir die Ohren.

Durch den Morgennebel suchend,
auf die nassen Schuhe fluchend,
find' ich, wie sollt's anders sein,
plötzlich doch mein Fridalein.

Mit weißem Felle steht sie da,
ist sich der Blicke wohl gewahr,
schaut mich an, mit Gras im Mund,
blickt zurück dann auf den Grund.

Ich gehe schnell, will ja nicht stören.
Aus dem Nebel ist ein ‚Muh‘ zu hören.
Doch ich geh' weiter, bin bald weg,
die Kühe scheren sich' nen Dreck.

Die Macht der Liebe

Als der Empfindung Königin
betört sie uns ein Leben lang,
macht uns manchmal Angst und bang,
nimmt sogar unser Jammern hin.

Bisweilen bringt sie uns zum Weinen,
birgt sie auch des Himmels Glück.
Kehrt man aus ihrem Traum zurück,
erkennt man fast nicht mehr die Seinen.

Denn ohne sie wirkt alles kalt,
leblos gar und oft auch traurig.
Die Träume werden düster, schaurig
und man fühlt sich plötzlich alt.

Das Herz ersehnt sich ihre Wärme,
möcht' gern selber sie erfahren.
Birgt sie auch versteckt Gefahren,
bringt sie doch das Licht der Sterne.

Sie ist des Lebens wahre Schönheit,
des Herzens reinstes teures Gut.
Sie macht der Seele Flügel Mut
und schenkt dem Geist die Freiheit.

Gedankenblockade

Verflixt, ich kann nicht richtig denken,
muss auf's Labern mich beschränken.
Jetzt hapert's auch noch mit dem Schreiben,
ich glaub, ich lass es lieber bleiben!

Wen liebe ich?

Die Liebe, als die höchste Macht,
hat uns oft schon angelacht.
Verspricht uns Hoffnung und auch Freude,
auf das man Zeit mit ihr vergeude.

Natürlich heißt sie Glück genießen,
aber auch Meere von Tränen vergießen.
Die Zeit mit ihr, sie ist ein Schatz,
passt niemals in nur einen Satz.

Denn denkt man zwar, sie sei verschwendet,
so hat das Blatt sich schon gewendet.
Auch die Liebe hat zwei Seiten,
doch nur eine davon kann Wärme verbreiten.

Neben Schönheit birgt sie Schmerz,
verzaubert und zerreißt das Herz.
Hebt die Seele in die Lüfte
und stürzt sie in des Hasses Klüfte.

Verwirren kann sie einen sehr,
dann fällt das Denken immer schwer.
Manchmal liebt man nicht nur einmal,
sondern bisweilen sogar zweimal.

Kommt dies zustande,
so ist's eine Schande.
Also sollte man's meiden,
kann sich doch nicht entscheiden.

Hat man bereits sein Herz verschenkt
und wird dann zu einem Ander'n gelenkt,
zerreißt es einen innerlich
und man fragt sich verzweifelt: Liebe ich dich?

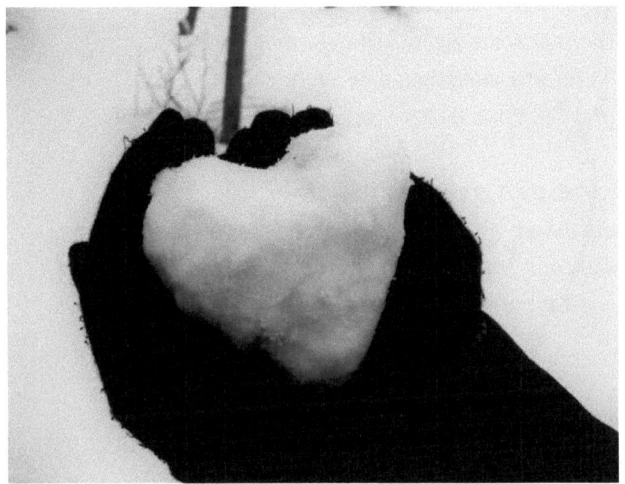

Nachthimmel

In den unendlich schwarzen Weiten
leuchtet das glitzernde Gestirn.
Dort kann der Mond sein Licht verbreiten
und Kometen durch die Leere schwirr'n.

Der große Feuerball der Sonne
spendet seine gigantische Wärme.
Ist für uns Menschen eine Wonne
und das Vorbild aller Sterne.

Fantastisch große Galaxien
entstehen hier, erstrahlen dort,
während Sternschnuppen über den Himmeln zieh'n,
wie Zauber von einem fernen Ort.

Abgründe des Seins

Da bricht einem das Herz entzwei,
da wird einem die Seel' entrissen.
Gedanken werden einerlei
und eingesperrt ist das Gewissen.

Der Geist springt plötzlich hin und her,
überhaupt das Denken fällt schon schwer.
Die sich'ren Pfade sind verschwunden,
alle Grenzen überwunden.

Man schwebt auf einmal in der Leere,
ungeschützt und etwas scheu.
Wie die Kugeln der Gewehre
kommt der Schmerz auch immer neu.

Doch selbst die Leere ist nicht leer,
denn die Finsternis birgt Bilder.
Erinnerungen stechen schwer
und werden niemals milder.

Schließlich wird doch das Gewissen frei,
tadelt und richtet lange und hart.
Hat man sie bis dahin grad noch bewahrt,
so ist's dann mit der Liebe Schönheit vorbei.

Geht doch wählen!

Als Politiker hat man's schwer,
immer springt man hin und her,
zwischen Parteien oder Meinungen,
Programmen und auch Standpunkten.

Dazu kommt die Frage, dann und wann:
Was schreibt man ins Partei-Programm?
Passt sich dann dem Volke an,
gibt sich treu, ganz wie ein Lamm.

Es gibt Versprechen hier und da,
man tut ganz toll und wunderbar.
Doch's Einhalten fällt oft nicht leicht,
da meist das Geld dann doch nicht reicht.

Dann beginnt die Fastenzeit,
ist das Volk auch nicht bereit.
Letztendlich muss es dennoch zahlen
und hofft nun auf die nächsten Wahlen.

Doch bis dahin kann es lange dauern,
so können weit're Steuern lauern.
Es kommen neue Haushaltslücken
und das Volk muss Geld rausrücken.

Währenddessen, ganz geheim,
streicht mancher Politiker Prämien ein.
Erhöht mal eben sein Gehalt
und lobt seine ehrliche Gestalt.

Die Reichen werden immer reicher,
die Parteien immer gleicher,
während sich die Armen quälen,
also sag ich: Geht doch wählen!

Das Blöken der Lämmer

Weiße, schwarze, braune Wolle,
Wolle, Hufe überall.
Braunes oder blaues Auge
und der Rufe ferner Hall.

Sie blöken hier, sie grasen dort,
über saftig grüne Weiden.
Hier sowie an jedem Ort,
ohne'ne einz'ge Blume zu meiden.

Sorgenlos und ungestört,
die Lämmer klein und niedlich,
haben uns schon oft betört,
sind sie doch oft so lieblich.

Des Tags über die Felder streifend,
des Nachts durch tiefer Träume Land,
mit Gedanken durch die Wolken schweifend
und zu der kühlen Wälder Rand.

Das ganze ruhige Leben lang
genießen sie das Werk der Bienen.
Lauschen dem zarten Vogelgesang,
erfreuen sich der Gräser, die als Nahrung dienen.

Spinnen

Spinnen spinnen jeden Tag,
spinnen ihre großen Netze.
Vollbringen, was sonst keiner vermag,
ohne Stress oder Gehetze.

Trotzdem spinnen Spinnen schnell,
einen Faden nach dem Ander'n.
Die nassen Fäden leuchten hell,
lässt man die Sonn' darüber wandern.

Sie spinnen gigantische Gebilde,
symmetrisch oder ‚durcheinander'.
Und ohne jede zarte Milde
verschlingen sie sich unter'nander.

So lässt sich Konkurrenz vermeiden,
für sie ist das ja ganz legal.
Doch müssen sie durch uns oft leiden
und denken: Ja, spinnt ihr denn total?

Denn wir zerstören ihre Netze,
reißen ihre Werke ein.
In unser'm täglichen Gehetze
sind wir zerstörerisch gemein.

Doch Spinnen spinnen unermüdlich,
spinnen nachts und auch am Tag,
tun sich an der Beute gütlich,
die ihr Netz zu fangen vermag.

Wenn alles bleibt und doch vergeht…

Nun ist's vorbei,
jetzt bin ich frei.
Schau nicht zurück,
bewahre mein Glück.

Ich hab's genossen,
doch nun ist's verflossen.
Der Liebe Bande,
sie brachten nur Schande.

Der Liebe Gut,
ist oft Übermut.
Ganz ohne Scheu,
zerstört sie die Treu'.

Versucht ich's zu retten,
macht ich mich zum Deppen.
War ich auch erpicht,
so gelingt es doch nicht.

Und ist's auch nicht schön
das ganze Leid anzusehen,
man sollt' es beenden,
keine Hoffnung verschwenden.

Tränen kommen und geh'n,
ich kann wieder gehen.
Ich seh' wieder klar
und der Schmerz wird wahr.

Hat man's überwunden,
die Erinnerung bleibt.
Ist der Schmerz auch verwunden,
im Traume nichts schweigt.

Klagen der Vergangenheit

Wie eine träge, braune Masse
zieht das deutsche Volk dahin.
Wandernd auf der kalten Straße,
mit himmelhoch erhob'nem Kinn.

Doch trügt der Schein,
der Hochmut blendet.
Man hört ihr Schrei'n,
wenn das Schicksal sich wendet.

Nun sind sie arm,
erleiden die Not.
Doch ohne Erbarm'
brachten sie auch den Tod.

Sie verbreiteten Leid,
nun leiden sie selbst.
Die Augen voll Neid,
dass du dein Leben behältst.

And're haben gelitten,
nun leiden sie auch.
Jetzt wird viel gestritten,
über Sitte und Brauch.

Was soll man nun tun,
was haben sie denn getan.
Man fragt sich: was nun?
Muss man Haltung bewahr'n?

Welche Strafe ist richtig,
welches Mittel gerecht?
Ist das denn so wichtig!?
Mir wird gleich schon schlecht.

So viele Leichen,
so viel Leiden.
Doch man sollte nicht weichen
und weit're Kriege vermeiden!

Liebeskummer

Kann es sein?
Ich sage: Nein!
Es geht doch nicht,
spricht mein Gesicht.

Wie kann man denn gleich zweimal lieben?
Wo ist da bloß die Treu' geblieben?
Man kann doch auch sein Herz nicht teilen,
muss also bei *einem* verweilen.

Doch das sieht die Liebe anders,
verzaubert hier und turtelt da.
Gibt einem zum Träumen Anlass,
macht vorerst jede Hoffnung wahr.

Doch stirbt das Glück sehr schnell dahin,
hat man sein Herz an Zwei verloren.
Der Geist weiß gar nicht mehr wohin,
und das Gewissen wird beschworen.

Doch ist das Urteil dann gesprochen,
der Liebe Übermut getadelt,
fühlt sie sich dennoch hoch geadelt
und hat auch noch das Herz gebrochen.

Wolkenschlösser

Die Wolkenpracht,
sie zieht dahin.
Welch große Macht
wohnt in ihr drin.

Der Blitze grausam schönes Bild,
erzeugt in ihren großen Weiten.
Wenn dann des Donners Grollen schwillt,
sie Schrecken weit verbreiten.

Des Regens Heimat sind sie auch,
des Himmels reinste Tränen.
Und vom kühlen Sommerhauch,
in dem glücklich wir uns wähnen.

Verdecken können sie die Sonne,
spenden gütig ihren Schatten
und sind uns somit eine Wonne,
wenn wir zu viel Hitze hatten.

Getaucht in viele, bunte Farben
von der Sonne hellem Schein.
Man möchte sich gern daran laben
und selbst leicht wie die Wolken sein.

Das Geschenk der Farben

So lieblich bunte, süße Farben
strömen aus dem Licht der Sonne,
zieren Kleider feiner Damen,
sind für die Augen eine Wonne.

Weiche und auch helle Farben
wärmen sanft das zarte Herz.
Wenn sie sich einmal verbargen,
spürte man's als tiefen Schmerz.

Märchenhaft und schön die Welt,
gestärkt durch ihre bunte Pracht.
Bereichernder als alles Geld
und stärker als die höchste Macht.

Lachen unser'n Geiste an
von den Blumen auf den Feldern.
Lassen im Gedankengang
uns wandern durch die Märchenwälder.

Des Phönix Federn leuchtend rot,
der Meerjungfrauen bunte Schuppen,
farbige Fische neben dem Boot,
die als Nymphen sich entpuppen.

So märchenhaft, so traumhaft schön,
so ist die Welt der Farben.
Kann man ihren Glanz nicht seh'n,
so muss das Herz oft darben.

Denn ohne Farben keine Träume,
nur schwarz auf weiß das Leben.
Drum wache gut und nicht versäume,
auf Farben Acht zu geben.

Vom Leben und vom Lieben

Es ward niemals,
es wird niemals,
es ist auch heut noch nicht.

Und wär's gewesen,
schon vergangen,
schön wie dein Gesicht.

Der Liebe Ruhm,
der Liebe Treu',
alles nie besessen.

Es war nicht gut,
es ist nicht neu,
und heute schon vergessen.

Nie geliebt,
nie gewonnen,
doch auch nicht verloren.

Ist's errungen,
schon zerronnen,
zum Scheitern auserkoren.

Kommt es bald,
ist's schon alt,
gestorben, nie gewesen.

Ist's mal da,
ganz wunderbar,
vom Himmel auserlesen.

Bleibt nicht lang,
wirst Angst und Bang,
drum lass es lieber bleiben.

Verworf'nes Glück,
kehrt nie zurück,
versuch' es zu vermeiden.

Vom Leben auf der Weide

Bis zum Horizont die Schafe steh'n,
auf den Wiesen und den Feldern.
Wie die Bäume in den Wäldern
kann man sie nicht überseh'n.

Sie säumen oft der Felder Wege,
streifen durch das zarte Grün.
Meiden dabei alle Müh'n
und bleiben in der Gruppenwiege.

Ihr Blöken hört man meilenweit,
sei es am Morgen oder Abend.
Sich an der Gräser Blüten labend,
sieht man sie zu jeder Zeit.

Ihr dickes, wollig weiches Fell
wärmt uns zu des Winters Zeiten,
lässt uns durch die Kälte schreiten,
macht den dunklen Winter hell.

Ob bei Nebel oder Regen
sieht man ihre kleinen Gruppen,
wandelnd wie die Kinderpuppen,
ohne Pausen einzulegen.

Nur des nachts sieht man sie ruhen
in dem Schutz der nahen Bäume.
Genießen ihre sanften Träume,
von dem, was sie alles tuen.

Nebelschleier

Ein Sonnenstrahl fällt durch den Nebel,
beleuchtet sanft die schwarzen Schemen.
Kann einen vor Bewund'rung lähmen,
erwärmt die kühle Morgenluft.

Getaucht in zarte, warme Farben,
durch des Morgens erstes Licht.
Der Sonne zärtliches Gesicht,
steigt langsam aus der Dämmerung.

Alles wirkt ganz grau und kühl
in dem trägen, weißen Hauch.
Schnell verschwindet er wie Rauch,
versucht man sich ihm anzunähern.

Umschließt uns dennoch rundherum,
bleibt er auch in weiter Ferne.
Nimmt der Luft die letzte Wärme,
bedeckt alles mit feuchtem Schleier.

Kommt er uns doch einmal näher,
verschlingt er noch das kleinste Licht.
Die Hand vor Augen sieht man nicht,
und jeder Laut wird körperlos.

Überrascht er uns einmal im Dunkeln,
kann man sich ganz leicht verirren.
Doch trotz jeder seiner vielen Wirren
ist er doch ein schön' Erlebnis.

Verborgene Ängste

Angst ist eine große Macht,
Angst erweckt uns in der Nacht,
Angst sucht uns im Traume heim,
ist des Bösen düst'rer Keim.

Angst macht uns ganz schreckensstarr,
Angst macht unser Grauen wahr,
Angst macht die Vernunft ganz klein
und lässt einen oft panisch sein.

Angst wird mit der Zeit ganz groß,
Angst verhilft zum Todesstoß,
Angst geht manchmal auch zurück,
trägt manchmal sogar bei zum Glück.

Angst gibt einem Rätsel auf,
Angst nimmt langsam ihren Lauf,
Angst bleibt in uns immer da,
macht uns oft ganz unnahbar.

Angst nimmt uns die Kraft zum Wehren,
Angst kann uns die Vorsicht lehren,
Angst soll sogar hilfreich sein,
vergessen wir's auch insgeheim.

Angst erlebt man gar nicht gern,
Angst bleibt man doch lieber fern,
Angst versteckt man innerlich,
behält sie lieber doch für sich.

Für Dich

Gestern Nacht von dir geträumt,
zwar nur kurz, doch wunderbar.
Hab' das Aufsteh'n fast versäumt,
bliebst du nur für immer da.

Bin dann doch noch aufgestanden,
hab' dich sofort schon vermisst,
dass mir fast die Sinne schwanden,
hoff', dass du mich nicht vergisst.

Wollte dich schnell wiederseh'n,
hab' mich schon auf dich gefreut.
Gerne würd' ich nie mehr geh'n,
zum Glück sehe ich dich heut'.

Doch auch das ist viel zu kurz,
dann müssen wir uns wieder trennen.
Schmerzhaft wie der schlimmste Sturz,
beginnt mein Herz für dich zu brennen.

In deiner Nähe bin ich ganz,
du schützt mich vor dem größten Schmerz.
Und der Liebe Freudentanz
erwärmt mir sanft das freud'ge Herz.

Ein Appell an die Menschlichkeit

Es sterben Menschen überall,
habt ihr es noch nicht bemerkt?
Der Körper langsamer Verfall
durch unser'n Hochmut nur bestärkt.

And're Menschen müssen hungern,
während wir uns hier vollfressen.
Durch den Dreck der Armut lungern,
wie kann man das denn nur vergessen?

Wusstet ihr denn etwa nicht,
dass And're nichts zum Essen haben?
Dies Gedicht sagt es ganz schlicht:
Wie wär's mit ein paar milden Gaben?

Fast jeder von uns kann doch spenden,
um das Unheil zu verhindern.
Man muss sich dem Problem zuwenden,
um der Menschen Leid zu lindern.

Drum schaut nicht weg,
lasst uns Leben retten.
Unterstützt den guten Zweck
und löst des Hungers Ketten.

Liebesschwur

Für immer möcht' ich bei dir sein,
ich fühle mich hier so allein.
Ich wünschte nur, du wärst bei mir,
damit ich mich in dir verlier.

Doch immer müssen wir uns trennen
und es fällt uns beiden schwer.
Gerne würd' ich zu dir rennen,
ohne dich bin ich so leer.

Ich freu' mich auf das Wiederseh'n,
bei dir fühle ich mich gut.
Dann lasse ich dich nie mehr geh'n,
so dass uns keiner mehr was tut.

Niemals lasse ich es zu,
dass jemand unser Herz verletzt.
Egal was ich in Zukunft tu,
ich liebe dich im Hier und Jetzt.

Klageruf der Langeweile

Langeweile ist ein Gut,
das manche Menschen gar nicht kennen.
Denen täte sie ganz gut,
anstatt durch's Leben nur zu rennen.

And're haben's im Überfluss,
kennen sie nur allzu gut.
Betrachten sie mit Überdruss,
verlieren langsam allen Mut.

Dann beginnt das Resignieren,
möchte man's auch nicht erwähnen.
Man fängt an, das Nichts tief zu studieren,
ertappt sich dann beim Dauer-Gähnen.

So manchem wird es gar zu arg,
der denkt dann gleich an Suizid.
Sehnt sich in die Ruh' im Sarg;
hoffen wir, dass dies nicht geschieht!

Dann erträgt man's still und leise,
hofft, dass es zu Ende geht.
Jeder auf die eig'ne Weise,
flehend, dass er's übersteht.

Rafft man sich dann endlich auf,
und geht das Leben wieder an,
nimmt die Sache ihren Lauf,
erneut erwacht der Tatendrang.

Feenzauber

Märchenhaft und Zaubern gleich
glänzet still der Feenteich.
Aus dem Dunkeln aufgetaucht,
von Sternennebeln zart umhaucht.

Der Feenstaub weht durch die Luft,
gemischt mit ihrem lieblich' Duft.
Ihr Antlitz, gar so wunderschön,
ganz rein und lieblich anzuseh'n.

Die Augen hell wie Morgentau,
braun, grün oder himmelblau,
leuchten sie den Sternen gleich,
glitzern lieblich auf dem Teich.

Trennungsschmerz

Da zerbricht einem der Trennungsschmerz
mal eben so das ganze Herz.
Da weiß man weder ein noch aus,
kommt aus dem Trauern nicht mehr raus.

Doch möcht' man Tränen auch vergießen,
so wollen sie dennoch nicht fließen.
Man versteht plötzlich die Welt nicht mehr
und fühlt sich innerlich ganz leer.

Die Gedanken, meist verschwiegen,
kommen langsam zum Erliegen.
Auch die Träume werden kalt,
so wird man langsam still und alt.

Kommt dann gar'ne bess're Zeit,
ist man für Neues doch bereit.
Hofft, dass es nun besser geht,
man die Welt vielleicht doch versteht.

Hat man dann tatsächlich Glück
und die Liebe kehrt zurück,
sollte man die Chance ergreifen
und nicht noch lang zum Mitleid schweifen.

Denn ist die Chance erst mal vertan,
vermisst man sie mit großer Scham.
Muss dann auf die nächste warten
und fürchtet sich, erneut zu starten.

Doch hat man's dann erst mal geschafft,
gibt es einem neue Kraft.
Das Herz wird langsam wieder ganz,
beginnt erneut den Freudentanz.

Ey Digga, Alter, lol!

Ey, Schnegge! Bei dir alles klar?
`türlich! Supi, wunderbar.
Und Digga, was geht hier so ab?
K.A., mein Gehirn macht g'rade schlapp.
Alter, das is' ziemilch scheiße...
Richtige Kacke, aber heiße!
Why is datt denn so jekommen?
Hab' im Lotto fett gewonnen.
Alter, das is' ziemlich krass!
Aber klar und weißt du was?
Sex und Nutten ohne Ende,
auf dass ich bloß auch nichts verschwende.
Digga, bist du völlig Panne?
Du bist doch Latte wie' ne Tanne!
Für's Ficken alles wegzuschmeißen,
da möcht' ich dir den Kopf abreißen!
Ey bitch, nun sei doch endlich still,
ich mache alles, was ich will!
Also halt jetzt deine Fresse,
bevor ich mich noch gleich vergesse!
Alter, krass, jetz' bleib mal cool,
du benimmst dich wie' ne Null!
Checkst du nicht, was ich dir sage?
Willst du, dass ich mit Faust nachfrage?
Digga, man! Jetzt chill doch ma',
nun komm doch endlich hier mal klar!
Ey Schlampe, mach dich endlich weg,
sonst schlag ich dich gleich in den Dreck!
Schon klar, bin ja quasi längst verschwunden,

doch sag' ich schnell noch unumwunden:
Du bist der blöd'ste Arsch den's ever gab,
also verpiss dich bloß ins nächste Grab!

Das Einhorn

Des Morgens zarter Nebelhauch,
erstrahlend in dem reinsten Weiß,
so flüchtig wie des Feuers Rauch,
betörend durch den hellen Gleiß.

Doch er stehet noch im Schatten,
des sanften Einhorns purer Schönheit.
Neben ihm muss aller Glanz ermatten,
verblassen neben seiner Reinheit.

Der zarte Klang des silbern' Huf
dringt leise durch die grünen Weiten.
Wie der Vögel sanfter Ruf
wird es einen oft begleiten.

Und im Sonnenlicht erstrahlend,
hell und schön das stolze Horn.
Lichtmuster auf die Blätter malend,
glänzt es wie ein Silberdorn.

Gleich dem Schnee das weiße Fell,
mit Augen tiefer als das Meer.
Die starken Beine gar so schnell
und stärker noch als jedes Heer.

Erlangt man jemals seine Gunst,
ist's das größte Glück des Lebens.
Doch ist dies eine hohe Kunst
und das höchste Ziel des Strebens.

Die Gaben des Feuervogels

Aus dem lodernden Feuer bricht er hervor,
mit flammenden Flügeln steigt er empor.
Die Augen so schwarz wie die Nacht,
der Blick wie ein Kuss so sacht.

In feurigen Farben die Federn,
die Krallen dunkel wie das Holz der Zedern,
wie ein Feuerschweif durchglüht er die Luft,
verbreitend seinen gar himmlischen Duft.

Hell wie das Sonnenlicht strahlet sein Glanz,
dahinziehend so schnell wie der Flammen Tanz.
Heller als Glocken klingt sein Ruf in den Morgen,
vertreibt bei jedem Kummer und Sorgen.

Seine Träne, so glänzend wie ein Edelstein,
wäscht den Körper vom Bösen rein,
heilt jede Wunde, tilgt jeden Schmerz
und rettet sogar ein gebrochenes Herz.

Liebe in zwei Zeilen

Die Größe des Lebens,
die Schönheit des Gebens.

Die Stärke des Strebens,
der Schmerz des Nehmens.

Die Liebe des Lebens,
die Wärme des Gebens.

Die Wonne des Strebens,
das Ende des Nehmens.

Du

Duftend wie die Rosenblüten,
schöner als der Sonne Licht,
wenn Winde durch die Haare wüten,
umspiel'n sie lieblich dein Gesicht.

Reiner als das Weiß des Schnees,
deine Augen, gar so klar,
tiefer als der Grund des Sees,
des Lächelns Glanze immerdar.

Dein Blick, mal träumerisch, mal warm,
stärker noch als jedes Wort.
Lieg' ich geborgen dir im Arm,
so blieb ich gern für immer dort.

Liebe, die Kraft des Lebens

Wie das Morgenrot so zart,
zaghaft gar die Liebe ist.
Oder wie der Donnerschlag so hart,
damit du sie auch nicht vergisst.

Wie die dichten Nebelschwaden,
wabert sie im Geist umher.
Wie im Meere in ihr baden,
doch das Auftauchen fällt schwer.

Wärmend wie die Sonnenstrahlen
erleuchtet sie gar heiß das Herz.
Kann uns bunte Träume malen,
vertreibt dabei noch jeden Schmerz.

Wie der Duft der schönsten Blüten
umnebelt sie uns're Gedanken.
Kann durch die Erinn'rung wüten,
öffnet der Fantasie gar alle Schranken.

Wie der Vögel süßer Klang
erklingt die Liebe wie Gesang.
in den lieblich schönsten Tönen
will sie Herz und Geist versöhnen.

So bringt sie Frieden in die Welt,
bleibt bei jedem dem's gefällt.
Kommt sie doch mal ungefragt,
sei trotzdem stark und unverzagt.

Denn sie ist ein hohes Gut,
schenkt uns Kraft und macht uns Mut.
Ohne sie kann niemand sein,
denn ohne sie heißt stets allein.

Die morgendliche Jagd

Im Nebelhauch die Rehe steh'n,
leis' und still und kaum zu seh'n.
Blasse Schatten, braune Schemen,
die lautlos durch die Wälder gehen.

Der zarten Dämm'rung Morgenlicht,
das grünlich durch die Blätter bricht,
beleuchtet sanft der Augen braun,
die zärtlich durch die Bäume schau'n.

Dann bricht mit lautem Knall ein Ast,
die Rehe, gleich in großer Hast,
streben in den Wald hinein,
lassen den Jäger steh'n, allein.

Da steht er nun, im Nebelhauch,
lautes Knurren dröhnt im Bauch.
Die Sonnenstrahlen blenden ihn,
so wird er schnell von Dannen zieh'n.

Der stille Morgen bricht nun an,
hat bereits seine Pflicht getan.
Hat Reh und Wald vor Leid beschützt,
auch wenn's des Jägers Bauch nichts nützt.

Er wird von Pilzen nun wohl zehren,
vielleicht sogar noch ein paar Beeren.
Derweil die Rehe wieder weiden,
den Tod für heute glücklich meiden.

Im Glanz der Empfindungen

Umhüllt von wundersamen Träumen,
ist sie klar und doch so fern.
Dringt heraus aus allen Räumen,
denn eingesperrt ist sie nicht gern.

Wie ein Gedanke gar so blass,
wie die Erinnerung so alt,
macht sie mit Glück die Augen nass,
lässt das Herz mal warm, mal kalt.

Nicht zu erfassen für den Geist,
nicht zu benennen durch das Wort,
manchmal fast die Brust zerreißt,
trägt dich zur Fantasie hinfort.

Erlebt und dennoch nie besessen,
zwar gekannt, verstanden nicht.
Nichts je kann sich mit ihr messen,
mit ihrem Glanz aus Himmelslicht.

Was noch bleibt

Leben, Leben, hohes Streben,
Leben, Liebe, Heiterkeit.
Angst, o Angst, was soll dies geben?
Hoffnung ist noch nicht bereit.

Glück, wo bist du nur geblieben?
Zuversicht schon schwindet bald.
Wenn Träume schließlich auch versiegen,
Liebe bleibt, wird niemals alt.

Stoßgebet ins Totenreich

Großer Tod, o schöner Tod,
komm und nimm mir meine Leiden.
Führe mich ins Abendrot,
lass mich von den Schmerzen scheiden.

Allgewalt'ge, stille Macht,
verbreitest Freude und auch Graus.
Lass mich fliehen in die Nacht,
lösch das Licht des Lebens aus.

Schneegestöber

Weißer Glanz, o helles Licht,
versage uns dein Leuchten nicht.
Komm herab in deiner Pracht,
bedecke alles über Nacht.

Decke sanft die Wiesen zu,
gönn den Blumen ihre Ruh.
Unter deinem feinen Staub,
versteck das braune Winterlaub.

O du schöner, reiner Schnee,
leise schwebe wie die Fee,
herab vom holden Himmelszelt,
verschön're uns die kahle Welt.

Unsinnsgedicht

Es sonnt die Scheine himmel am Hell,
es blumen die Leuchten mit farbstem Grell.
Es langsamen zieh die Grün durch's Reh
und wald den Durch pfeif ichend geh.

Reden ohne Worte

Wir sagen wenig, dennoch reden wir viel.
Im Mittelpunkt steh'n heißt das große Ziel.
Wir denken nicht nach und labern drauf los,
so stellt sich der ein oder and're oft bloß.

Wir rennen und hetzen und eilen umher,
natürlich fällt dabei Denken dann schwer.
Wir wollen uns dennoch gern gut präsentieren,
jedoch nicht viel Zeit ans Lernen verlieren.

Viele versuchen gehoben zu sprechen,
dabei kann sich das Fehlen der Bildung doch rächen.
Auch die Schule versäumt es zu lehren,
hilft somit nur das Problem zu erschweren.

Liebe, Liebe...

Liebe, Liebe, schönstes Gut,
besiegst den Hass, die größte Wut.
Entfache uns mit deiner Glut,
gib und für die Zukunft Mut.

Liebe, Liebe, höchstes Glück,
halte uns in einem Stück.
Geh nie oder kehr zurück,
auf dass ich mich an dir verzück.

Liebe, Liebe, bist so stark,
hilf, dass ich nie mehr verzag.
Begleite mich bis hin zum Sarg,
damit ich es zu Sterben wag.

Wege der Weisheit

Ich suche stets und finde kaum,
schlimm ist's, wenn die Worte fehlen.
Doch geb ich kaum dem Unmut Raum,
versuch' die Zweifel zu verhehlen.

Mit großer Müh und mut'gem Fleiß
auf dem Weg der Weisheit wandelnd,
tobend laut und samtig leis'
mit dem Glück um Beistand handelnd.

Auf der Suche nach dem Wissen
zieht man weit und findet viel.
Von Torheit mancher auch zerrissen,
kommt nicht jeder an sein Ziel.

Doch geb ich nie die Hoffnung auf,
glaub' an Liebe, Glück und Leben.
So nimmt die Weisheit ihren Lauf,
belohnt uns für das treue Streben.

Hat einer dann sein Ziel erreicht,
schwindet jeder Zweifel hin.
Unmut nun der Freude weicht,
weil ich endlich weise bin.

Der Frühling

Blumen, Blüten, bunte Blätter,
zarte Knospe, rosig weiß.
Beständig noch bei jedem Wetter,
nass oder gar trocken-heiß.

Zuerst noch klein, fast schüchtern gar,
wird sie groß und schön zu seh'n.
Ein lieblich Bild, ganz wunderbar.
Ach, wenn sie doch bloß nie vergeh'n.

Der Lauf des Lebens

Im Dunkeln fängt das Leben an,
dann wird ins Licht man ausgestoßen.
Solang man noch nicht sprechen kann,
versteht man auch nichts von den Großen.

Krabbeln, Laufen, Klettern, Rennen;
so wagt man sich hinaus ins Leben.
Lernt Städte, Länder, Leute kennen,
bekommt geschenkt und kann auch geben.

Gefühle groß wie Lieb' und Hass
muss man schmerzlich auch erfahren.
Augen lachend, tränennass,
kann niemand einen ganz bewahren.

Und geht man auf das Ende zu,
hat man meist doch viel erreicht.
Man findet endlich seine Ruh',
wenn wieder man ins Dunkel weicht.

Abschied

Warum hast du aufgegeben?
Weshalb ändert'st du dein Streben?
Hättest es auch so geschafft!
Wo sind nun Mut und Willenskraft?

Du willst jetzt neue Wege gehen,
zu selten werde ich dich sehen.
Ich hätt' das nie von dir gedacht,
hab' zu gern mit dir gelacht.

Doch hilft das nicht, du möchtest fort,
bleibst du auch im selben Ort.
Mir bist du doch immer nah,
in meinem Herzen immerdar.

Verbotene Hoffnung

Kaum noch Blumen auf dem Felde
verschlungen von der düst'ren Macht.
Kommt der Krieg zu uns in Bälde?
Bringt die ewig dunkle Nacht?

Grau die Tiere und die Pflanzen,
farblos auch der Bäume Blätter.
Nimmt die Lust am freud'gen Tanzen,
traurig blass bei jedem Wetter.

Und das, was uns die Seele heilte,
was uns freudig wärmt das Herz,
bei der man gerne noch verweilte,
ist ersetzt durch Leid und Schmerz.

Die hohen Mächte, die uns leiten,
verweigern uns das leuchtend Glück.
Doch könnt' den Weg man ihr bereiten,
kehrt sie sicher doch zurück.

Blauer Engel

Ein sanftes, winz'ges, blaues Licht
scheint mir zärtlich ins Gesicht.
Und ist's auch klein, fällt fast nicht auf,
wart' ich doch schon lang darauf.

Es soll mich endlich fort hier leiten,
mir den Weg zum Glück bereiten.
Und ist's nicht Glück, so wird's doch Freud',
hilft mir morgen noch wie heut'.

Entführ mich nun in deine Welt,
gibt's auch viel, was mich noch hält.
Will ich trotzdem zu dir flieh'n,
mich in die Fantasie fortzieh'n.

Hab' ich erst diese Reis' gemacht,
durchaus wollend und bedacht,
kann mich nichts hier mehr noch schrecken,
hilfst du mir den Mut zu wecken.

Gedankenwust

Wenn der Abend den Punkt erreicht hat, an dem die Gedanken nur noch in müder Zeitlupe durch das Gehirn tanzen, weiß selbst die leicht beschwipste Schriftstellerin, dass das produktive, konzentrierte Schreiben ein Ende gefunden hat. Nun gut, nach *einem* Irish Coffee ist ,beschwipst' übertrieben. Doch ohne vernünftige Essensgrundlage kann selbst dieser Hauch von Whiskey interessante Phänomene auslösen. So zum Beispiel das Schneckenrennen der Gedanken. Die Idee, welche es als erstes aufs Papier schafft, hat eindeutig gewonnen. Ob es die Beste ihrer Art oder gar grammatikalisch korrekt ist, bleibt fragwürdig.

Leere

Leere im Kopf. Gedankenwüste. Ab und zu fliegen Fetzen geistiger Inspiration durch die karge Landschaft der grauen Zellen. Das Gehirn ruht in der Hülle des Craniums, von schützenden Knochenplatten ummantelt, und genießt die Stille. Nur selten wird sie unterbrochen, wenn eine verwegene Nervenzelle auf die Idee kommt, einen halbherzigen Impuls weiterzuleiten. Ansonsten herrscht epische Ruhe und spricht Bände, von deren Tiefgründigkeit Schriftsteller nur träumen können.
Wofür denken?
Die genialsten Eingebungen entspringen aus der Leere – neu, frisch, klar, frei und ungezwungen.

Auf leisen Pfoten

Wie ein Bussard (Vogel), leis' und schnell,
doch statt Federn weiches Fell,
schleiche ich auf samt'gen Pfoten,
durch das Reich der lebend Toten.

Spitze Höhlen aus Beton
mit Schornstein, Keller und Balkon
vertreiben Flüsse, Wald und Wiesen,
statt saft'gem Gras gibt's blasse Fliesen.

Wilde Natur muss der Ordnung weichen,
der Mensch geht dafür über Leichen,
frisst sich an ihnen rund und fett
und verbringt die Nacht im Federbett.

Während er schlummert, bin ich wach,
springe lautlos von Dach zu Dach,
suche nach Bäumen zum Wetzen der Krallen,
stets bemüht, auf die Pfoten zu fallen.

Die Nacht gehört mir, wenn die Menschen schlafen
und sich im Traum für ihre Gier bestrafen.
Die Dunkelheit ist mein Jagdrevier,
in dem ich nichts aus den Augen verlier.

Was ich erbeute, das fresse ich auf,
denn das gehört zu des Lebens Lauf.
Der Mensch hingegen tötet aus Gier,
sieht die ganze Welt als sein Revier.

Und vergisst dabei seine Sterblichkeit,
bis sie abläuft, seine eigene Zeit.
Er fürchtet den Tod, will ewig leben,
statt anderen Wesen mehr Freiraum zu geben.

Er glaubt, er könne die Welt regieren,
kann diesen Kampf jedoch nur verlieren.

Der Weg des Kots

Ein Häufchen Elend namens Kot
saß auf einem braunen Stuhl,
fühlte sich nicht recht im Lot
und wollte gerne in den Pool.

Der Stuhl kam schließlich dann in Gang,
der Kot kroch langsam aus dem Po
und mit' nem plumpsig leisen Klang
fiel er runter in das Klo.

Schwamm im Becken der Toilette,
frohgemut und sorgenfrei,
als ob er nichts zu befürchten hätte,
die Klospülung war ihm einerlei.

Erst als das rauschende Sprudeln ertönte,
war's mit der sorglosen Ruhe vorbei.
Während das Klo den saub'ren Po föhnte,
schoss der Kot davon und war bald nur noch Brei.

Jäger der Nacht

Wenn der Abend zur Neige geht,
der Mond hoch am Himmel steht,
der Regen herniederfällt,
dann schläft die Welt.

Eine braune Eule gleitet,
die Schwingen ausgebreitet,
lautlos durchs Dunkel,
wo die Mäuse munkeln.

Auf leisen Pfoten kommt daher
ein weiterer, jagender Späher,
mit zuckendem Schwanz und gelben Augen,
die zum Sehen im Düstern taugen.

Die arme Maus ist ahnungslos,
wähnt sich sicher in der Finsternis Schoß.
Der Tod ereilt sie geräuschlos von oben,
während die Katze zurückbleibt am Boden.

Blütenregen

Wie funkelnde Sterne, vom Himmel hernieder,
segeln die Blüten in rosaner Pracht.
Niemals zum Baume kehren sie wieder,
herabgewirbelt von des Windes Macht.

Stürmisch fegt er durch die Zweige,
jagt die zarten Blüten fort.
Der Frühlingstag geht bald zur Neige,
doch die Sonne ist noch dort.

Sie scheint herab mit warmen Strahlen,
auf das Meer aus Blütenblättern,
welche bunte Bilder malen,
auf dem Boden und den Dächern.

Wie lautlose Flocken vom Ast in die Tiefe
rieseln die Blüten gleich glänzendem Schnee.
Legen sich nieder, als ob der Frühling schliefe,
verwandeln die Erde in einen rosigen See.

Vom Licht erhellt, leuchten sie weiter,
mit satten Farben, voll Schönheit und Leben,
tragen den Frühling auf dem Winde weiter
und gleiten herab als duftender Regen.

Der Handwerker
(Unsinns-Gedicht des Lektors)

Liebes Gedicht,

heute habe ich Schrauben versenkt
anstatt zu nageln.

Es waren meine Letzten,
somit habe ich keine Schraube mehr locker.

Nun ist meine Latte befestigt
am Holzzaun.

Dort steht sie gut und stabil
und trotzt jedem (An-)Sturm.

Inhaltsverzeichnis